JEANNE D'ARC
MESSAGE DE DIEU

DISCOURS

PRONONCÉ DANS LA CATHÉDRALE DE SAINTE-CROIX

LE DIMANCHE 8 MAI 1887

POUR LE 458e ANNIVERSAIRE DE LA LEVÉE DU SIÈGE D'ORLÉANS

PAR

Mgr PERRAUD

ÉVÊQUE D'AUTUN, CHALON ET MACON

Membre de l'Académie française

« Par ainsi fust la noble cité d'Orléans secourue et mise en franchise par la Pucelle, *message de Dieu...* »

(Perceval de Cagny.)

ORLÉANS
H. HERLUISON, LIBRAIRE-ÉDITEUR
17, RUE JEANNE-D'ARC, 17

1887

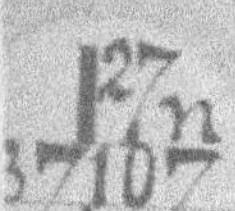

JEANNE D'ARC

MESSAGE DE DIEU

JEANNE D'ARC
MESSAGE DE DIEU

DISCOURS

PRONONCÉ DANS LA CATHÉDRALE DE SAINTE-CROIX

LE DIMANCHE 8 MAI 1887

POUR LE 458e ANNIVERSAIRE DE LA LEVÉE DU SIÈGE D'ORLÉANS

PAR

Mgr PERRAUD

ÉVÊQUE D'AUTUN, CHALON ET MACON

Membre de l'Académie française

« Par ainsi fust la noble cité d'Orléans secourue et mise en franchise par la Pucelle, *message de Dieu.* »

(Perceval de Cagny.)

ORLÉANS

H. HERLUISON, LIBRAIRE-ÉDITEUR

17, RUE JEANNE-D'ARC, 17

1887

JEANNE D'ARC

MESSAGE DE DIEU

> *Apparuit ei angelus Domini, et ait: Dominus tecum... et scito quod miserim te.*
>
> « L'ange du Seigneur lui apparut et lui dit : « Le Seigneur est avec toi, et sache « que c'est lui qui t'envoie. »
>
> (*Livre des Juges*, vi, 12.)

Messeigneurs (1),

Mes Frères,

Oublieux des bienfaits sans nombre dont il avait été comblé par le Seigneur dans les temps d'Abraham, de Moïse et de Josué, et infidèle à ses propres serments, le peuple d'Israël était tombé sous le joug des Madianites.

L'excès du malheur réveilla chez lui le sentiment du devoir. Il s'humilia et implora le secours d'en haut : *Humiliatus est valde Israel et clamavit ad Dominum, postulans auxilium.*

Ce cri de détresse fut écouté.

Dieu eut compassion des opprimés et résolut de leur susciter un libérateur.

(1) Mgr Coullié, évêque d'Orléans ; Mgr Laborde, évêque de Blois ; Mgr Lelong, évêque de Nevers.

Il se plaît souvent à déconcerter notre courte sagesse ; et, laissant de côté ce qui est grand, fort, puissant selon le monde, il choisit de préférence les instruments les plus chétifs. Son regard s'abaissa vers un obscur paysan de la tribu de Manassé.

Gédéon, dont le nom symbolique signifie « celui qui brise », vannait le blé de son père, lorsqu'un ange vint le trouver et lui dit : « Le Seigneur est avec toi ; marche dans la force dont tu seras revêtu. Sache que c'est Lui qui t'envoie : tu délivreras Israël. (1) »

Le fils de Joas laissa ses outils rustiques, quitta la maison paternelle, et ayant groupé autour de lui les plus vaillants des douze tribus, auxquels il donna pour mot d'ordre la parole significative « le glaive de Dieu et de Gédéon » (2), il combattit avec courage et écrasa les ennemis de son peuple.

Quarante siècles après cet événement, dans une des crises les plus périlleuses de son histoire, la France a vu se renouveler en sa faveur un prodige semblable, et Dieu est intervenu miraculeusement pour la sauver.

Pendant la seconde moitié du règne de Charles VI, les Anglais avaient envahi une partie considérable de son territoire. Aux maux de la guerre étrangère s'étaient ajoutées les horreurs d'une guerre civile. Une femme sans pudeur, indigne de porter la double couronne de la maternité et de la royauté, Isabeau de Bavière, avait abusé de la démence de son époux pour conclure le criminel traité de Troyes et faire échec aux droits de l'héritier légitime du trône. Plus d'armée régulière ; un trésor vide ; partout le désordre, l'incurie, le découragement. A Londres et à Paris, la monnaie publique était frappée à l'effigie d'Henri VI de Lancastre, intitulé roi de France et d'Angleterre, tandis que nos vainqueurs donnaient à Charles VII l'appellation dérisoire et presque vraie de « Roi de Bourges ». Humainement, c'en était fait de la nation que

(1) *Dominus tecum ; vade in hac fortitudine tua ; et scito quod miserim te ; et liberabis Israel.* (*Judic.*, VI, 12, 14.)

(2) *Juges*, VII, 20.

Philippe-Auguste, saint Louis et Charles-le-Sage avaient élevée si haut.

C'est à ce moment de désespérance absolue que Dieu nous vint en aide.

Un ange, peut-être le même qui avait été envoyé à Gédéon sous le chêne d'Ephra, le Prince des milices célestes, celui dont le nom exprime la force suréminente de Dieu, saint Michel, va trouver près d'une vieille forêt lorraine une paysanne à peine adolescente. Il lui parle et il la persuade ; elle croit et elle obéit. Jeanne, envoyée de Dieu, ou, pour employer le langage encore plus expressif des contemporains, Jeanne, Message de Dieu (1), entre en scène.

Pendant deux ans, tout sera rempli du bruit de son nom. D'abord discutée et contredite, elle deviendra bientôt la personnification sublime de la France combattant pour s'affranchir du joug de l'étranger. Des épreuves égales à ses triomphes marqueront au cachet d'une prédestination extraordinaire sa courte et glorieuse existence. Mais à travers les vicissitudes des fortunes les plus contraires, acclamée par les foules ou délaissée, entourée de l'admiration universelle ou indignement méconnue, Jeanne se montrera toujours fidèle à cette grâce du divin message qui fait l'unité de sa vie et la seule explication plausible des prodiges dont elle a été l'instrument.

Je viens redire ici, mes Frères, cette merveilleuse et touchante histoire que j'ai déjà racontée devant vous, il y a quinze ans.

C'était en 1872, au lendemain des désastres dont la France porte encore les stigmates douloureux. Le grand évêque qui aura tant fait pour exalter celle dont l'âme a si souvent inspiré la sienne, dans les nombreux combats qu'il a soutenus au service de Dieu et de son Église, m'avait confié la tâche périlleuse de lui succéder dans cette chaire et de prononcer après lui l'éloge de votre libératrice.

(1) Perceval de Cagny, dans Quicherat, *Pièces du procès de Jeanne d'Arc*, IV, 10.

En un tel jour, on ne s'adresse pas seulement à la ville d'Orléans, on a devant soi la France entière. Je lui avais répété la parole dite un jour par la Pucelle à un de ses compagnons de guerre (1) : « Travaillons, et Dieu travaillera. »

Quel compte avons-nous tenu de ce sage et viril conseil que nous aurions dû adopter pour cri de ralliement, presque identique à celui de l'antique Israël, « le glaive de Dieu et de Gédéon »? Avons-nous travaillé pendant ces quinze ans? A quoi avons-nous travaillé? Sommes-nous plus disciplinés, plus unis, plus forts qu'en 1870 et 1871? Quel progrès de justice et de liberté avons-nous accompli? Quel usage avons-nous fait des ressources de toutes sortes dont la Providence nous a si libéralement dotés? Où en est l'œuvre de réparation que nous imposaient des revers sans précédents et d'insupportables humiliations?

Je regarde ; je tremble ; je n'ose répondre...

Aussi bien, je ne veux pas attrister par des réflexions pénibles une fête destinée à rapprocher les cœurs et à exciter dans des âmes françaises la bienfaisante, l'indomptable, la nécessaire espérance.

J'aime mieux vous remercier, Monseigneur, de la confiance que vous m'avez témoignée en m'invitant à être aujourd'hui, pour la seconde fois, l'interprète de la reconnaissance nationale. Vous avez demandé à nos frères les Évêques de Blois et de Nevers de venir rehausser l'éclat de cette solennité. Leur présence ici vous dit combien l'Épiscopat français est avec vous et désire seconder de ses vœux, de ses prières, de ses efforts, la noble et pieuse entreprise où vous marchez fidèlement sur les traces de votre illustre prédécesseur et père, de faire décerner à la Pucelle, par la plus grande de toutes les autorités, le plus grand de tous les honneurs.

Puisse ma parole, avec la bénédiction de Dieu, contribuer à la réalisation d'un si religieux et si patriotique dessein!

(1) Le duc d'Alençon.

I

J'ai indiqué la pensée fondamentale de ce discours dans le texte biblique dont le commentaire sera fait devant vous, soit par la Pucelle elle-même, soit par ses contemporains, meilleurs juges que nous ne pouvons l'être du mobile auquel elle a obéi. J'y insiste et je dis : C'est fausser l'histoire et substituer à la vraie Jeanne d'Arc un personnage de convention que d'attribuer cette vocation si extraordinaire au seul amour de la patrie.

Sans doute, ce généreux sentiment a occupé dans son cœur une très grande place. Elle a longtemps souffert, avec d'inexprimables angoisses, la douleur de savoir son pays envahi, son roi détrôné, la cause nationale presque désespérée ; et lorsqu'enfin il lui a été donné de pouvoir agir et se dévouer, elle a bien su montrer jusqu'où allaient les ardeurs de son âme toute française.

Mais, je le répète, on altère gravement sa physionomie si, par infirmité de foi et par peur du divin, on s'obstine à ne voir en elle qu'une sorte d'amazone originale et intrépide, une émule de cette Camille que Virgile a chantée, rapide à la course, infatigable dans les combats, et portant avec une grâce enchanteresse le carquois de Lycie et le javelot fait du myrte pastoral.

Prœlia virgo
Dura pati, cursuque pedum prœvertere ventos
. . . . Lyciam ut gerat ipsa pharetram,
Et pastoralem prœfixa cuspide myrtum (1).

Si Jeanne a été l'incomparable guerrière à laquelle vous entendrez les plus hardis capitaines de son temps décerner

(1) Virg., *Æn.*, l. VII.

l'hommage de leur admiration, elle a été surtout une *envoyée de Dieu*, non pas dans un sens métaphorique et poétique pouvant se prêter à toutes les interprétations, mais dans l'acception la plus stricte et la plus exacte de ce mot. C'est là, non pas ailleurs, qu'il faut chercher la cause déterminante des services de premier ordre dont la France lui est redevable.

Avant toute chose, sur cette question capitale, je veux invoquer son témoignage. Nous saurons bientôt s'il est digne de créance, ou si nous devons le tenir pour suspect.

Nous vivons, Messieurs, à une époque très avide de révélations autobiographiques et de confidences personnelles.

Quand un homme a fait grande figure dans la diplomatie, la guerre, la politique, les lettres, les affaires, nous lui savons gré de recueillir ses souvenirs et de nous les raconter. Nous écoutons avec une curiosité souvent passionnée celui qui, après avoir tracé devant nous le tableau des événements, peut dire : « J'y étais. »

Jeanne, il est vrai, n'a point écrit ses mémoires. Étrangère à toute culture littéraire et exclusivement appliquée à l'œuvre pour laquelle elle avait été suscitée, elle n'a eu ni la pensée ni le loisir d'occuper la postérité du récit de ses actions.

Mais les enquêtes minutieuses qu'elle a subies, soit au début, soit au terme de sa carrière, à Poitiers et à Rouen, l'ont mise dans la nécessité de faire connaître elle-même ce qu'il nous importe tant de savoir à son sujet.

Les historiens et les philosophes auraient pu se dispenser de recourir à des hypothèses et d'inventer d'ingénieux systèmes pour déterminer l'origine et le vrai caractère de cette destinée si exceptionnelle. Il eût été plus simple de s'adresser directement à la Pucelle et de lui demander, comme les lévites de Jérusalem au Précurseur : « Qui êtes-vous ? Que dites-vous de vous-même (1) ? »

C'est donc elle qui va parler.

(1) *Évangile de saint Jean*, I, 19, 22.

Toutefois, il importe de ne pas l'oublier : il ne s'agit pas ici d'une narration méthodique, faite d'un seul jet. Interpellée par de nombreux interrogateurs, qui procédaient sans ordre et revenaient à dessein sur les mêmes questions afin de l'embarrasser et de l'amener à se contredire, elle a eu souvent à s'expliquer sur les mêmes faits. Nous n'avons donc pas à nous mettre en garde contre la préméditation suspecte d'un rôle appris d'avance, pour être débité dans une occasion solennelle. Les circonstances dans lesquelles Jeanne a révélé les secrets de sa vie entourent sa parole des meilleures garanties de sincérité et de véracité. Écoutons-la.

« Je suis née à Domrémy, et j'y ai reçu le baptême.

« Mon père s'appelait Jacques d'Arc et ma mère Isabelle.

« Celle-ci m'a enseigné mon *Pater*, l'*Ave Maria*, le *Credo*, et je ne tiens que d'elle ma créance. Elle m'a également appris à coudre et à filer.

« Un jour d'été, j'avais environ treize ans, et j'étais dans le jardin de mon père, j'entendis une voix, et je vis une clarté du côté de l'église.

« J'eus d'abord grand'peur. Cependant la voix me paraissait bien digne, et je crois qu'elle venait de la part de Dieu. Je fis alors le vœu de garder ma virginité.

« La troisième fois que je l'entendis, je reconnus que c'était la voix d'un ange. Elle me disait de me bien conduire, de fréquenter l'église, et qu'il fallait que je vinsse en France.

« A partir de cette époque, elle me parlait deux ou trois fois par semaine. Elle m'annonçait que je ferais lever le siège d'Orléans, et moi je répondais que j'étais une pauvre fille, ne sachant ni monter à cheval ni guerroyer.

« Mais la voix insistait : elle me racontait la pitié qu'il y avait au royaume de France, si bien que je ne pouvais plus durer.

« Celui qui me parlait ainsi de la part de Dieu était saint Michel, et il n'était pas seul, mais il était accompagné d'un grand nombre d'anges ; et plus tard j'entendais aussi sainte

Catherine et sainte Marguerite. Elles m'assuraient que les Anglais seraient mis dehors et que le roi recouvrerait son royaume. Pour moi, j'eusse mieux aimé être écartelée à quatre chevaux que de venir en France sans l'ordre de Dieu. Mais une fois assurée de cet ordre, quand j'aurais été fille de roi, quand j'aurais dû quitter cent pères et cent mères, quand il m'aurait fallu user mes jambes jusqu'aux genoux, je serais partie.

« Mes voix m'appelaient souvent « Jeanne la Pucelle, « fille de Dieu ; » et elles me disaient : « Va, va, » et je ne leur demandais d'autre récompense que le salut de mon âme, et je pleurais quand elles me quittaient, et je les suppliais de m'emmener avec elles en Paradis (1). »

Si Jeanne mérite d'être crue sur parole, il n'y a pas de doute possible sur ce que j'appelle la cause déterminante de sa vocation. Elle a obéi à un appel de Dieu, et cet appel lui a été surnaturellement notifié par l'intermédiaire des voix célestes qui, pendant sept ans, n'ont cessé de l'exhorter, de l'instruire, de l'encourager, et ont poursuivi à son égard leur ministère d'inspiration et de consolation jusqu'à l'heure où, en face de la mort, elle leur a rendu un suprême et décisif hommage.

Mais ce témoignage de la Pucelle sur elle-même doit-il être accepté ?

Jamais on n'a suspecté la bonne foi de Jeanne, et elle n'a pas besoin d'être défendue contre l'accusation d'imposture. La question est de savoir si nous avons affaire à une personne de sens rassis et de bon jugement, ou à une nature exaltée, maladive, étrangère aux conditions positives de la vie, exposée à prendre pour des réalités les chimères d'une imagination habituellement surexcitée, soit par ses préoccupations religieuses, soit par les malheurs de son pays.

Qui nous renseignera sur ce point décisif ?

(1) Toutes ces paroles sont textuellement extraites des interrogatoires subis par Jeanne d'Arc à Rouen, de février à mai 1431. (Voir *passim* les procès-verbaux des greffiers, publiés intégralement par M. Quicherat, t. I.)

Ceux mêmes avec lesquels Jeanne a passé les dix-sept premières années de sa paisible existence.

Que ne puis-je vous les faire tous entendre, ces braves paysans ou artisans de Domrémy et des villages voisins qui ont connu Jeanne au temps de son enfance, ces prêtres qui la voyaient prier dans leurs églises rurales, ces dignes femmes ou veuves dont elle avait si souvent partagé les travaux ou les jeux! J'en citerai du moins quelques-uns. Interrogés en 1456, vingt-cinq ans après la mort de la Pucelle, voici en quels termes ils résumaient leurs souvenirs :

« Jeanne était une bonne, simple, honnête fille. Il n'y en avait pas de meilleure dans la paroisse. On ne la voyait fréquenter que les femmes et les filles les plus vertueuses. Elle était pleine de courage au travail : tantôt, et le plus souvent, elle aidait sa mère dans les soins du ménage ; tantôt elle allait aux champs avec son père et ses frères, gardait le bétail à son tour, ou bien mettait la main à la herse et à la charrue. Elle était fort secourable aux malades et aux pauvres ; elle aimait à soigner les premiers, elle cédait quelquefois aux autres son propre lit pour aller dormir dans l'âtre du foyer ; aussi était-elle aimée de tout le monde. »

Elle n'avait « pas sa pareille dans la contrée », disait de sa jeune paroissienne Guillaume Front, curé de Domrémy, dont le témoignage est rapporté par un prêtre qui avait été son enfant de chœur, lorsque Jeanne était encore au pays. Quant à Hauviette, l'intime amie de Jeanne, elle se borne à dire « qu'elle l'aimait beaucoup parce qu'elle était bonne », et elle a bien pleuré quand elle a su son départ sans avoir pu lui dire adieu (1).

(1) Je résume ainsi d'une façon trop succincte des dépositions qui tiennent plus de soixante pages dans les enquêtes du procès de révision. (Voir en particulier celles de Gérard Guillemette, cultivateur à Greux, d'un an seulement plus âgé que Jeanne, née le 6 janvier 1412, le jour de l'Épiphanie ; de Jean Morel, un de ses parrains ; de Simon Musnier, cultivateur à Domrémy, qui avait été soigné par la charitable fille ; de la vieille Béatrix, veuve d'Estelin, qui avait plus de quatre-vingts ans quand elle comparut devant les commissaires enquêteurs. — Quicherat, II, p. 392 et suivantes.)

La voilà qui revit devant nous, avec sa physionomie authentique, la petite paysanne réservée à une si haute et si étrange destinée. Oui, la voilà bien, telle qu'elle était, avec tous ses dons de nature et de grâce ; sérieuse, mais sans mélancolie ; courageuse et sensible ; d'une piété solide, dont le caractère dominant était l'accomplissement consciencieux de ses devoirs d'état, une constante application à ces rudes travaux de la campagne qui laissent peu de place aux rêveries romanesques ou aux exaltations d'un mysticisme suspect. Jeanne, d'ailleurs, se distinguera toujours par le bon sens le plus exquis, par un esprit naturellement prompt et vif, et dans les circonstances difficiles, nous le verrons bientôt, par la plus complète possession d'elle-même. On comprend que Dieu ait pu choisir pour l'accomplissement de ses desseins cette sage et pieuse fille, objet du respect, de la confiance, de l'affection de tous. L'instrument était digne de l'ouvrier qui allait s'en servir, et de l'œuvre à laquelle il devait l'appliquer.

Cependant, si docile qu'on doive être aux ordres venus du ciel, faut-il mettre de côté les règles de la prudence ? Le Dieu de qui procèdent les révélations surnaturelles n'est-il pas en même temps l'auteur de la raison, de cette raison qu'il a lui-même donnée à l'homme, avec la liberté, pour être la marque de sa ressemblance avec son Créateur ?

N'ayons crainte, Messieurs. Dieu nous traite « avec un grand respect (1). » Même dans l'ordre des mystères qu'il propose à notre foi, il ne nous demande jamais ni l'abdication, ni, bien moins encore, le suicide de notre raison. Il a soin, en effet, d'entourer ces mystères de motifs de crédibilité sur lesquels notre intelligence a le droit et le devoir de s'exercer. Son honneur, c'est que « notre obéissance soit raisonnable (2) » et le nôtre, c'est que nous puissions toujours, suivant une fière parole de saint Pierre, rendre un compte satisfaisant de notre foi et de notre espérance (3).

(1) *Sagesse*, XII, 18.
(2) Romains, XII, 1.
(3) 1re épître de saint Pierre, III, 15.

En fait, la valeur de ces motifs de crédibilité est telle que, si nous consentons à les peser dans la balance d'une conscience droite, loyale, affranchie de préjugés et de passions, il vient un moment où, suivant une belle parole de saint Augustin, non seulement il ne nous semble pas absurde de croire ces hautes vérités, mais où nous trouverions déraisonnable de ne les pas croire (1).

Quand Gédéon avait reçu l'ordre, très inattendu pour lui, de se mettre à la tête du peuple d'Israël et de combattre les Madianites, il ne s'en était pas rapporté du premier coup à la parole de l'ange. Il avait en quelque sorte pris ses sûretés vis-à-vis du Seigneur, afin de ne pas s'exposer par un téméraire empressement à être victime d'une illusion : « Si j'ai trouvé grâce en votre présence, dit-il hardiment à Dieu, montrez-moi par un signe que c'est vraiment vous qui me parlez : *Da mihi signum quo tu sis qui loqueris ad me* (2). » Il va même jusqu'à demander trois miracles, et loin de blâmer cette exigence, Dieu consent à faire surabondamment les preuves destinées à garantir l'autorité du mandat et à créer chez le mandataire l'inébranlable conviction qui rend capable de tous les dévoûments et de tous les sacrifices.

Jeanne, il est vrai, n'a pas sollicité de miracles préalables avant d'exécuter les ordres de Dieu. Mais elle a pris toutes les précautions commandées par la prudence, et elle ne s'est décidée qu'à bon escient. Quand l'archange saint Michel se fit entendre d'elle pour la première fois, c'était en 1425, elle était âgée de treize ans ; elle en avait dix-sept accomplis, au mois de février 1429, lorsqu'elle quitta sa famille et son pays. Durant ces quatre années, il ne s'était pas passé, nous a-t-elle dit, une seule semaine où les voix célestes n'eussent eu avec elle jusqu'à deux ou trois de leurs mystérieux colloques. On peut donc évaluer à un nombre considérable les révélations qui lui ont été faites. Plus le message confié à la Pucelle était extraordinaire,

(1) *Ut non sit stultum talia credere, sed stultum talia non credere.*

(2) *Judic.*, VI, 17.

plus il était nécessaire que jamais aucun doute ne pût ni effleurer son esprit ni ébranler son courage. En vérité, Jeanne ne s'est déterminée à l'action que lorsque l'évidence est devenue pour elle souveraine, absolue, irrésistible. C'est avec la raison la plus ferme qu'elle a mis en pratique le sage conseil donné par un apôtre aux premiers chrétiens : « Ne croyez pas témérairement à tout esprit ; mais éprouvez tous les esprits pour voir s'ils viennent de Dieu (1). »

Le 23 février 1429, la fille de Jacques d'Arc et d'Isabelle disait adieu à sa Lorraine bien-aimée, à son clocher de Domrémy, à tous les chers et pieux souvenirs de son enfance. Les habitants de Vaucouleurs s'étaient cotisés pour lui donner un cheval et son premier équipage. Ils accompagnaient de leurs vœux les plus émus celle qu'ils considéraient avec un religieux respect comme une « messagère de Dieu ». Elle-même partait, remplie d'une confiance dont elle communiquait à tout son entourage le fortifiant bienfait. Elle allait où Dieu l'appelait, et la voix de l'ange lui répétait pour la réconforter : « Va ! fille de Dieu ! Va ! Le Seigneur est avec toi ! Sache bien que c'est Lui qui t'envoie, *Dominus tecum et scito quod miserim te.* »

II

Les vertus les plus solides, procédant de l'esprit de foi, entretenues et développées par un recours assidu aux moyens de grâce que Jésus-Christ a établis dans son Église pour purifier et sanctifier les âmes ;

Des prophéties réalisées avec une précision étonnante ;

Des faits prodigieux, accomplis en dehors des industries ordinaires de la sagesse et de la puissance naturelles de l'homme : tels sont les éléments dont se compose cette

(1) Ire épître de saint Jean, IV, 1.

existence où la poésie des plus suaves légendes s'allie à la certitude de l'histoire appuyée sur des preuves irrécusables.

Telle est, en outre, la triple démonstration qui met dans une pleine lumière le caractère surnaturel de la mission de Jeanne d'Arc.

Parlons d'abord des vertus, ce premier et nécessaire fondement des œuvres dont Dieu est l'auteur ou l'inspirateur.

De quel éclat elles ont resplendi dans la messagère envoyée par Dieu à la France en péril : c'est ce qu'attestent avec une imposante unanimité les témoins les plus dignes de foi.

Tout à l'heure, j'évoquais, pour les faire comparaître devant vous, de bons et simples villageois, des artisans, des prêtres de campagne, nés comme Jeanne sur les bords de la Meuse; ils nous ont dit son enfance innocente, sa jeunesse sérieuse et pure, son ardeur au travail, sa religion si bien entendue, sa charité pour les pauvres, la vénération (le mot n'est pas trop fort) dont elle était universellement entourée.

La voilà maintenant obligée de vivre avec des hommes de guerre, de partager leurs expéditions, leurs fatigues, leurs combats.

Quelle impression a-t-elle produite sur eux ? Que vont-ils nous apprendre de cette enfant de dix-sept ans, tout d'un coup associée à leur rude métier, dans un temps où le relâchement de la discipline et la grossièreté des mœurs rendaient cette épreuve particulièrement redoutable pour une jeune fille élevée à l'ombre d'un foyer patriarcal et comme sous l'aile de la tendresse maternelle ?

Je vais interpeller ses écuyers, son page, l'intendant de sa maison militaire, des princes du sang, des officiers, des magistrats, des bourgeois, de respectables matrones chez lesquelles elle a reçu l'hospitalité, à Chinon, à Poitiers, à Orléans, à Bourges, ailleurs encore.

La Pucelle, nous disent-ils, possédait à un éminent degré le don de faire rayonner tout autour d'elle le respect de la

2

loi de Dieu. Dans sa société tout angélique (1), les pensées et les passions terrestres sont comme amorties ou endormies. Les plus dissolus de ces bandes d'Armagnacs, habitués à vivre de blasphèmes, de pillage, de débauche, se laissent conduire comme des agneaux. Elle leur interdit les jurements, ils s'en abstiennent ; elle congédie les filles suspectes, on obéit sans murmurer ; elle mène à confesse ces soudards plus prompts à pécher qu'à se repentir ; ils s'agenouillent, s'humilient et s'essaient sérieusement à la vie chrétienne. Il y a en elle une puissance de conversion à laquelle les plus endurcis ne résistent pas. Il suffit de se trouver près d'elle pour être accessible à de bons sentiments. On dirait qu'une vertu céleste s'échappe incessamment de ce corps virginal, de cette âme toute remplie de l'esprit de Dieu. Aussi les hommes d'armes la tenaient pour une sainte (2).

C'est à qui louera dans les termes les plus expressifs son humilité, son amour de la solitude et du recueillement, sa fidélité à la prière, sa délicatesse et sa sensibilité.

Quelle tendresse de cœur envers Dieu ! Que de fois on la voyait pleurer, surtout quand elle se confessait (3), quand le prêtre à l'autel élevait le corps du Seigneur, quand elle-même le recevait dans la sainte communion !

Quelle bonté pour les pauvres ! quelle charité envers les victimes de la guerre ! Avant et pendant le combat, Jeanne était surtout la Française envoyée de Dieu pour expulser l'étranger. Aussi, comme elle savait électriser les troupes quand elle leur criait, en les entraînant par son exemple :

(1) C'est ainsi que, de son vivant, on désignait souvent Jeanne d'Arc. (Voir M. Siméon Luce citant un document de l'époque, *Jeanne d'Arc à Domrémy*, CCXIV.)

(2) *Armati eam reputabant quasi sanctam.* (Dépos. de Jean Barbier, avocat au Parlement. — Quich., III, p. 82.) Un de ses écuyers, Bertrand de Poulengy, atteste que souvent « les paroles de Jeanne l'enflammaient d'une grande ardeur pour le bien, tant il lui semblait qu'elle était envoyée de Dieu et bonne comme une sainte. » (*Id.*, II, 458.)

(3) Au témoignage de son aumônier, frère Jean Pasquerel, moine augustin, Jeanne se confessait presque tous les jours et communiait souvent. Elle disait qu'on ne saurait trop purifier sa conscience. (Quich., I, 270.)

« Sus aux Anglais! notre Sire les a condamnés! Abordez-les hardiment. Ils sont tous vôtres. Ayez courage! » Mais aussitôt la lutte finie, blessés et mourants, sans distinction de nationalité, étaient l'objet de ses soins les plus compatissants!

En vérité, dit un contemporain, « cette fille était d'une très belle vie, et on voyait bien qu'elle était inspirée de Dieu » (1).

Après avoir accrédité sa mission en pratiquant des vertus qui répandaient tout autour d'elle un parfum de sainteté, Jeanne en a confirmé l'autorité par la manifestation surnaturelle de faits ou de circonstances dont elle n'a pu avoir connaissance que dans une lumière prophétique.

Le 12 février 1429, étant encore à Vaucouleurs, elle annonça au sire de Baudricourt le revers subi, le jour même, à cent cinquante lieues de là, à Rouvrai-Saint-Denis, en Beauce, par les troupes françaises qui avaient assailli le convoi parti de Paris pour ravitailler l'armée anglaise employée au siège d'Orléans (2).

Peu de temps après, à Chinon, elle révélait à Charles VII le secret d'une prière toute mentale qui n'avait été exprimée par aucune parole articulée, et où ce prince avait confié à Dieu ses doutes et ses angoisses sur la légitimité de ses droits (3).

A Orléans, le 6 mai, veille du jour qui devait décider du

(1) *Erat pulcherrimæ vitæ... ipsa fuit inspirata a Deo.* (Guillaume de Ricarville, panetier du roi. — Quicherat, III, 22.) Il faudrait encore citer les très explicites et touchants témoignages de Raoul de Gaucourt, bailli d'Orléans; de Pierre Vaillant et de Cosme de Commy, bourgeois de la même ville; de Pierre Compaing, chanoine de Saint-Aignan; de Marguerite de la Touroulde, veuve de René de Bouligny, chez laquelle Jeanne reçut l'hospitalité à Bourges; le mémoire de Théodore de Lelli, auditeur de rote, et les conclusions si fortement motivées du promoteur du procès de réhabilitation.

(2) Dans la journée dite « des harengs ».

(3) Le grand historien de Jeanne d'Arc en notre siècle fait remarquer avec beaucoup de raison que c'est la seule circonstance dans laquelle Jeanne se soit permis de tutoyer Charles VII. « C'était quelque chose de supérieur qui parlait par sa bouche. » Voici en quels termes elle s'exprima : « Je te dis de la part de Messire que tu es vray héritier de France et fils du Roi. » (H. Wallon, *Histoire de Jeanne d'Arc.*)

sort de votre cité. Jeanne prédit à ses hôtes qu'elle serait blessée le lendemain. Le 7 au soir, presque au moment de livrer le dernier et décisif assaut à la bastille des Tourelles, elle était percée d'un trait entre la tête et l'épaule et son sang coulait en abondance.

Ce ne sont là, toutefois, si je puis parler ainsi, que des prophéties de détail et d'importance secondaire, en comparaison des trois faits capitaux annoncés par elle avec tant de persévérance, à une époque où ils étaient humainement irréalisables, à savoir : la levée du siège d'Orléans, le sacre de Charles VII à Reims, l'expulsion totale des Anglais de la terre de France. Or, elle a elle-même accompli les deux premières prophéties ; la troisième a été réalisée vingt-trois ans après sa mort. On peut bien appliquer à la Pucelle ce que le Seigneur avait dit à un de ses prophètes : « Tu as bien vu, et je pourvoirai moi-même à l'accomplissement de ma parole. *Bene vidisti, quia vigilabo ego super verbo meo ut faciam illud* (1). »

Mais j'ai hâte d'en venir au signe le plus décisif de la divine mission confiée à Jeanne. Suivons-la sur le théâtre de l'action.

Au moment de partir pour le camp des Assyriens, Judith avait adressé cette prière à Dieu : « Ce sera, Seigneur, une preuve mémorable de la puissance de votre nom, si vous vous servez de la main d'une femme pour abattre le chef de nos ennemis et triompher de son armée. *Erit hoc memoriale nominis tui, cùm manus feminæ dejecerit eum* (2). »

Cette même puissance va se manifester au milieu de nous par une main qui, naguère, tenait la quenouille et maniait le fuseau.

Après avoir été longuement examinée à Poitiers, par les docteurs de l'Université, Jeanne avait enfin été agréée. Elle était devenue « chef de guerre (3). » Dieu va écrire

(1) *Jer.*, I, 12.
(2) *Judith*, IX, 15.
(3) C'est le titre qu'elle prend dans l'admirable lettre dictée par elle à Poitiers le 22 mars, et envoyée aux Anglais pour les sommer de quitter la France.

par elle une des pages les plus étonnantes de nos annales chevaleresques et militaires. *Dominus narrabit in scripturis populorum* (1).

Cette épopée magnifique a beau être connue d'avance : on ne se lasse jamais de l'entendre. On dirait qu'elle participe au privilège de la parole révélée, d'être à la fois « toujours ancienne et toujours nouvelle ».

Dans les derniers jours d'avril 1429, Jeanne réunissait à Blois les troupes dont elle avait reçu le commandement.

Le 29 du même mois, malgré le retard qu'on lui avait fait subir en la conduisant à son insu par la route de Sologne, elle entrait à Orléans.

Comment elle fut accueillie par vos pères, vos vieilles chroniques le disent dans des termes qu'on ne relit pas sans émotion. « Hommes, femmes, enfants, tous la regardoient moult affectueusement, et il y avoit merveilleuse presse à toucher à elle ou au cheval sur quoy elle estoit. Rien que de la voir, la confiance renaissoit dans tous les cœurs. On se sentoit comme réconforté et désassiégé (2). »

Le 4 mai, pendant son sommeil, soudainement avertie par ses voix d'une attaque dirigée contre la bastille Saint-Loup, Jeanne gourmande vivement son page de ne pas l'avoir avertie que le sang français coulait. Elle s'arme en toute hâte, se précipite vers la porte Bourgogne et ranime le courage des assaillants qui commençaient à se fatiguer. Avant la fin du jour, la bastille était prise.

Le 5 mai, la solennité de l'Ascension faisait, entre les belligérants, la trêve de la prière.

Le vendredi 6, Jeanne conduisait les troupes au sud de la Loire et emportait la bastille des Augustins.

L'action avait été meurtrière. La plupart des capitaines voulaient donner à leurs soldats un repos de plusieurs jours et attendre des renforts. Temporiser, c'était s'exposer à tout perdre, en laissant aux Anglais la possibilité de revenir de leur stupeur et de reprendre leurs avantages.

(1) *Ps.* LXXXVI, v. 6.
(2) *Journal du siège* (Quicherat, IV, p. 153).

Aussi, dès le lendemain, Jeanne recommençait le combat, et le soir de ce samedi 7 mai, à la suite d'une lutte acharnée de plus de douze heures, après avoir été blessée comme elle l'avait prédit la veille, elle enlevait aux Anglais leur dernière bastille. Puis rentrant en ville à la lueur des torches, au son des cloches de toutes les églises, escortée par les acclamations enthousiastes de la foule, elle venait à Sainte-Croix faire chanter le *Te Deum* de la délivrance et remercier Dieu d'avoir si visiblement accrédité sa mission.

Le lendemain, dimanche 8 mai (1), il y a aujourd'hui quatre cent cinquante-huit ans, peut-être à l'heure où nous sommes réunis dans cette cathédrale, l'armée anglaise quittait ses positions et prenait la route de Meung. Commencé le 12 octobre, le siège d'Orléans avait duré près de sept mois. Il avait suffi de sept jours à Jeanne pour remporter cet éclatant succès. La main d'une femme, mais d'une femme « envoyée de Dieu », avait accompli ce prodige. *Erit hoc memoriale nominis tui, cùm manus feminæ dejecerit eum.*

Après avoir délivré Orléans, Jeanne reprend aux Anglais Jargeau, Meung, Beaugency ; elle les bat de nouveau à Patay ; puis, en dépit des intrigues, des irrésolutions, des lenteurs, des lâchetés, elle entraîne presque malgré lui le Roi sur la route de la Bourgogne et de la Champagne, et elle le conduit à Reims. Le dimanche 17 juillet, elle assistait au sacre de Charles VII. Centre de tous les regards et de toutes les émotions, elle se tenait près du prince dans une attitude à la fois fière et modeste. La Pucelle avait à la main sa blanche bannière. Toutes deux avaient été à la peine, n'était-ce pas justice que toutes deux fussent à l'honneur (2) ?

Je voudrais avoir le temps de vous faire entendre ici ce que j'appelle les appréciations professionnelles des hommes du métier sur les prodigieuses aptitudes tout d'un coup déployées par Jeanne en matière de tactique et de

(1) Jour où la sainte liturgie célèbre une des fêtes de l'archange saint Michel.

(2) Réponse faite par Jeanne dans l'interrogatoire du 17 mars 1431.

stratégie. D'une ignorance qui allait jusqu'à la naïveté pour toutes les autres choses, elle se montrait d'une compétence achevée quand il s'agissait de traiter les affaires de la guerre, soit au sein des conseils, soit sur le terrain et à l'heure de l'action.

Ceux de mes auditeurs auxquels en ce moment, comme fils d'ancien soldat, j'envoie mes plus respectueuses et cordiales sympathies d'évêque et de Français, prendraient, j'en suis sûr, un intérêt tout particulier à savoir en quels termes Dunois, le duc d'Alençon et tant d'autres appréciaient les qualités militaires de Jeanne ; la promptitude et la sûreté de son coup d'œil ; son intelligence de tous les services nécessaires à la bonne direction d'une campagne ou d'un siège ; son expérience égale, sinon supérieure, à celle des capitaines les plus instruits ; enfin, et surtout peut-être, l'habileté consommée dont elle faisait preuve dans l'emploi de l'artillerie.

Or, comment expliquer humainement toutes ces choses de la part d'une pauvre fille de la campagne qui n'avait appris de ses parents qu'à coudre, à filer, à soigner le bétail, à manier la charrue ? Aussi, n'y avait-il pour ces loyaux soldats aucun doute possible sur le caractère surnaturel et divin de la mission de la Pucelle ; ils la croyaient fermement envoyée de Dieu et inspirée par lui en tout ce qui touchait à l'accomplissement de son mandat (1).

Vous relirez, Messieurs, tous ces témoignages de vos devanciers du XVe siècle. Ils vous rendront fiers d'appartenir à la même nation que la paysanne lorraine, et d'avoir à défendre comme elle le sol de la patrie et l'honneur de son drapeau.

(1) Je crois, disait Dunois, que Jeanne était envoyée de Dieu, et que ses actes à la guerre procédaient plutôt de l'inspiration divine que de l'esprit de l'homme. La longue et très intéressante déposition du Bâtard d'Orléans se trouve dans Quicherat, t. III, pp. 3 et suivantes ; celle du duc d'Alençon, même volume, pp. 92 à 100. « Elle parloit et devisoit des ordonnances et des faicts de la guerre autant et en aussi bonne manière comme eussent peu et sceu faire les chevaliers et escuiers estant continuellement au fait de la guerre. » (Perceval de Cagny. — Quich., IV, 3.)

A l'heure où nous touchons à l'apogée de sa carrière militaire, je vais essayer de faire passer devant vous et de vous montrer, comme dans une vivante apparition, cette vierge de dix-sept ans, sous les ordres de qui les plus valeureux chevaliers s'estimaient heureux de servir.

Voici sous quels traits la représente un seigneur de l'époque, le sénéchal de Berry, dans une lettre écrite, le 21 juin 1429, à Philippe-Marie Visconti, duc de Milan :

« C'est une fille de belle apparence. Son geste est viril. Elle a une voix douce, comme il sied à une femme. Elle parle peu ; mais une sagesse merveilleuse préside à toutes ses paroles. Elle n'aime ni les compagnies nombreuses ni les entretiens prolongés. Souvent on la voit répandre des larmes. Une pieuse croyance la tient pour être envoyée de Dieu (1). »

Vers la même époque, deux jeunes gentilshommes de la suite de Charles VII avaient occasion de rencontrer la Pucelle à Selles-en-Berry, où elle avait été mandée par le Roi. Ils allèrent la voir et ils reçurent d'elle un accueil plein de courtoisie. Il leur fut donné d'être témoins d'un gracieux épisode encadré par eux dans une lettre qu'ils écrivirent aussitôt après à leur mère.

Jeanne allait partir pour Romorantin. Ses pages avaient amené devant la porte de son logis son grand cheval noir, mais il se démenait si fort qu'il était impossible de l'approcher. Jeanne le fit conduire à la croix placée devant l'église. Aussitôt l'animal de se calmer et de se tenir tranquille comme si on l'eût attaché. Jeanne le monta sans difficulté ; puis, se tournant vers la porte de l'église, elle dit de sa douce voix : « Vous, les prêtres, faites processions et prières à Dieu. » Elle piqua des deux et disparut. Elle était toute vêtue de blanc, à l'exception de la tête, et tenait à la main une petite hache. Son frère Pierre, qui l'accompagnait, avait également une blanche armure. Devant elle, un de ses pages portait son étendard ployé.

(1) Perceval de Boulainvilliers. (Quicherat, t. V, pp. 115-121.)

« De la voir et de l'entendre, disaient les deux frères, semblait chose toute divine (1). »

Ne croirait-on pas, en effet, voir passer devant soi les anges décrits dans la vision de Pathmos, avec leurs tuniques de lin d'une éblouissante blancheur et leurs ceintures d'or (2)?

Combien volontiers on s'attarderait à contempler la Pucelle à ce moment de sa vie où elle est dans le triple éclat de la beauté, de la jeunesse et de la gloire ! C'est comme un Thabor où l'on aimerait à demeurer. Il faut cependant nous arracher à cette charmante et trop éphémère vision. Bientôt de sombres nuages, précurseurs de la tempête, voileront la belle et douce lumière. L'heure des grandes épreuves n'est pas éloignée.

Pour ceux qui mesurent tout au succès, la divine mission de Jeanne prend fin à l'époque où elle rencontre sur son chemin les contradictions et les échecs. A ce titre, il faudrait découronner de leur auréole et Moïse, et les Machabées, et tant d'autres dont Dieu s'est servi pour opérer ses œuvres parmi les hommes, mais sans leur épargner les souffrances qui consomment le mérite et élèvent la vertu jusqu'aux sommets de la perfection. Telles ne sont pas les pensées des chrétiens, et ils n'estiment rien de plus grand que d'être, comme leur Maître, marqués du signe de la Croix. Comment et jusqu'où Jeanne a porté ce signe auguste et terrible, c'est ce qu'il me reste à dire.

(1) Lettre d'André et de Gui de Laval à leur mère et à leur aïeule, en date du 8 juin 1429. (Quich., V, 106-111.)

(2) *Exierunt angeli vestiti lino mundo et candido et præcincti circa pectora zonis aureis.* (Apoc., xv, 6.)

III

Les tristesses et les mécomptes commencent pour elle avec cette campagne de l'Ile-de-France, où elle fut si mal secondée, pendant l'été et l'automne de 1429.

Rien n'est pénible comme d'en refaire avec elle les laborieuses étapes. La jalousie d'un tout-puissant favori de Charles VII lui avait enlevé le commandement en chef de l'armée. On la traitait comme un auxiliaire dont on se défie. Désormais, plus de plan d'ensemble, plus d'idée maîtresse et directrice, plus de suite ni d'unité dans les opérations. Si Jeanne continue à combattre, c'est pour pratiquer jusqu'au bout l'obéissance qui s'immole sans discuter. Mais Dieu ne prodigue pas inutilement les miracles, et sa docile Messagère devra subir les conséquences des fautes commises autour d'elle, sinon contre elle. Naguère, elle était l'aigle au vol hardi qui, par la soudaineté de ses coups, inspirait aux ennemis, malgré leur bravoure, une instinctive terreur (1). Maintenant, elle se débat dans des entraves qui brisent son élan et déconcertent son génie.

Le 8 septembre, elle livra un assaut infructueux à la ville de Paris. Toujours au premier rang dans les occa-

(1) Il y a un édit très curieux du roi d'Angleterre, en date du 3 mai 1430, portant des peines contre les capitaines et soldats anglais qui refusaient de passer en France par crainte de la Pucelle. La date de cet édit permet de rapporter à la crainte presque superstitieuse dont les Anglais étaient pénétrés à l'égard de la Pucelle les mesures de rigueur auxquelles leur gouvernement eut recours. (Cette pièce se trouve dans le tome V de Quicherat, p. 162-164.) Dans sa tragédie d'*Henri VI*, Shakespeare fait dire à Talbot que, devant cette sorcière (la Pucelle), les Anglais fuyaient « comme les abeilles chassées par la fumée :

So bees with smoke. . . . .

sions périlleuses, elle y fut encore blessée. Mais, malgré tous ses efforts, elle ne put décider les autres chefs à renouveler une attaque dont elle attendait et annonçait le complet succès. Il fallut la ramener presque de force à Saint-Denis, où, comme intérieurement avertie qu'elle n'avait plus longtemps à servir, elle fit hommage d'une de ses armures au sanctuaire du patron de la France.

Elle reprit cependant encore aux Anglais Saint-Pierre-le-Moutier. Mais elle dut lever le siége de la Charité, pour lequel on n'avait mis à sa disposition que des forces insuffisantes. Les opérations du printemps de 1430 dans la Brie, le Vermandois, le Beauvoisis, présentent le même caractère d'indécision. Jeanne luttait contre des obstacles moraux plus redoutables pour elle que la coalition anglo-bourguignonne.

Le grave Gerson (le fait est bien digne d'être remarqué) avait eu le pressentiment de ces épreuves. Le 14 mai 1429, au moment où la France tout entière acclamait la libératrice d'Orléans, le savant chancelier de l'Université de Paris composait une dissertation dans laquelle il étudiait sous toutes leurs faces les problèmes théologiques impliqués dans la mission de la Pucelle. Il concluait très nettement en faveur d'une intervention surnaturelle et extraordinaire de la divine Providence. Puis, avec une clairvoyance étonnante, et dans un langage bien digne du profond et pieux penseur à qui, nous Français, nous aimerions pouvoir attribuer à coup sûr le livre incomparable de l'*Imitation de Jésus-Christ*, il examinait l'hypothèse dans laquelle des revers succéderaient aux victoires qui avaient commencé d'accréditer Jeanne comme la « Messagère de Dieu ».

« Si, ce qu'à Dieu ne plaise, disait l'illustre docteur, l'attente de la Pucelle et la nôtre venait à être déçue, il n'en faudrait nullement inférer, ni que cette fille ait été l'instrument du mauvais esprit, ni que ses précédentes actions n'aient pas été divinement inspirées. Mais, bien plutôt, il conviendrait de nous en prendre à nos ingratitudes, à nos blasphèmes, ou à quelque secret jugement de Dieu, trouvant à propos de nous faire sentir sa colère (1). »

Saluons, Messieurs, cette haute et saine philosophie. Elle est de toutes les époques, et elle s'adresse à nous aussi bien qu'aux contemporains de Jeanne d'Arc. Saluons-la, parce qu'elle met admirablement en relief la liberté de l'homme et le privilège redoutable dont il est investi de pouvoir ou seconder l'accomplissement des desseins de Dieu, ou contrarier son action et celle de ses ministres, soit par défaut de concours, soit par une inintelligente et coupable opposition !

Le 24 mai 1430, Jeanne, qui était allée se jeter dans Compiègne assiégée afin de la secourir, était prise dans une sortie malheureuse. Promenée pendant cinq mois de donjon en donjon, puis vendue aux Anglais, elle fut amenée à Rouen dans les premiers jours du mois de décembre. Il faut le confesser à notre douleur et à notre honte, il se trouva un évêque ambitieux et prévaricateur pour profaner, et mettre au service des vengeances ennemies cette chose sainte qui s'appelle la justice. Je ne prononcerai pas ici son nom deux fois odieux et infâme, et d'ailleurs trop connu. Des assesseurs, choisis par lui dans les rangs des hommes d'Église, composèrent un tribunal chargé de jeter le manteau d'une légalité menteuse sur la plus criante des iniquités. Jeanne, pour rappeler une belle parole du P. Lacordaire, « méritait que Dieu la purifiât vivement et mît sur sa tête cette couronne suprême de l'adversité, sans laquelle aucune gloire n'est parfaite ni sur la terre ni dans le ciel (2). »

Franchissons la formidable enceinte du château de Rouen. Pénétrons dans la tour où Jeanne a été renfermée.

(1) *Etsi frustraretur ab omni exspectatione sua et nostra (quod absit) prædicta Puella, non oporteret concludere ea quæ facta sunt a maligno spiritu vel non a Deo facta esse ; sed* vel propter nostram ingratitudinem et blasphemias, vel aliunde justo Dei judicio, *licet occulto, posset contingere frustratio exspectationis nostræ in ira Dei, quam avertat a nobis.* (La dissertation de Gerson est rapportée dans le IIIe volume de Quicherat, p. 298-306.)

(2) *Oraison funèbre d'O'Connell.*

Un lit couvert d'une paillasse, une traverse de bois, une double chaîne munie d'une serrure, voilà tout le mobilier de sa chambre (1). Chaque soir, on attache la prisonnière dans ses fers et il lui est impossible de faire aucun mouvement.

Gardée à vue, jour et nuit, par cinq soldats anglais, choisis à dessein dans les rangs les plus infimes de la milice, elle est incessamment en butte à leurs quolibets, à leurs injures, à leurs grossièretés.

Mais les procédés de ses geôliers ne sont rien auprès des perfidies ou des violences de ses juges. Une fois le procès commencé, c'est-à-dire à partir du 21 février 1431, il lui faut subir presque chaque jour quatre, cinq, six heures d'interrogatoires, ou même davantage. Les questions se précipitent et se croisent en tous sens. Parfois, l'accusée ne sait à qui entendre. « Beaux seigneurs, leur dit-elle doucement, faites l'un après l'autre (2). »

Ah ! si jamais Jeanne a eu besoin de conseil, d'assistance, de réconfort, c'est bien durant ces terribles semaines. Jusqu'alors, Dieu n'avait ménagé ni les lumières, ni les grâces, ni les inspirations à celle qu'il avait lui-même chargée d'un message de résurrection pour une nation chère à son cœur. La livrera-t-il sans défense et sans protection à la rage de ses ennemis? Gardons-nous, mes Frères, de nous en rapporter aux apparences, et rappelons-nous que l'épreuve, loin d'être l'abandon, est souvent la marque d'une prédilection dont l'austère avantage compense, et au delà, les souffrances les plus pénibles à la nature. Quand la pauvre prisonnière rentrait dans son cachot, harassée de fatigue, énervée, accablée sous le poids de la tristesse, elle adressait au Christ du Golgotha, par l'intercession de sa sainte Mère (3), cette prière naïve

(1) On croit même que pendant les premiers temps de sa captivité elle était mise dans une cage de fer. Plusieurs habitants de Rouen, cités comme témoins au procès de réhabilitation, affirment avoir vu cette cage.

(2) Quicherat, II, 155.

(3) *Ego acclamo Deum et nostram Dominam...* (Quich., I, 279.)

et touchante : « O très doux Seigneur, en mémoire de votre sainte Passion, je vous requiers, si vous m'aimez, que vous me révéliez comment je dois répondre à ces gens d'Église (1). »

Que cette pieuse supplication ait été exaucée, il suffit, pour en être convaincu, de lire les actes du procès. Mais, à l'autorité intrinsèque des réponses de l'accusée, nous pouvons joindre d'autres témoignages.

Quand les hommes de guerre voyaient Jeanne si habile à manier le cheval et la lance, à se servir de l'artillerie, à ranger les troupes en bataille et à les entraîner, par un ascendant irrésistible, aux périlleux assauts et à la victoire, ils la proclamaient « Messagère de Dieu » visiblement inspirée du ciel.

Écoutons maintenant des docteurs qui ont pâli sur les problèmes les plus ardus de la théologie. Ils ont entendu de quelle façon répondait à ses juges cette paysanne « qui ne savait ni A ni B. » A leur tour, ils attribuent à une action de la sagesse divine la présence d'esprit, la sûreté de mémoire, la possession d'elle-même déployées par Jeanne dans ces combats d'un nouveau genre où il lui fallait se défendre seule, sans avocat, sans connaissance du droit et des formes de la procédure, contre des légistes rompus à toutes les subtilités de la scolastique et décidés d'avance à la prendre dans les filets de leurs cauteleuses argumentations (2).

Une des répliques de la Pucelle est demeurée justement célèbre. Le plus embarrassant et le plus redoutable de

(3) Quicherat, I, 279.

(2) *Multum eam fatigabant longis interrogationibus... Et totis viribus laborabant ad capiendum eam in verbis. Transeundo de uno ad aliud, ad experiendum an ipsa mutaret propositum.* (III, 175, 181.) *Ita prudenter respondebat quod si unus de doctoribus qui eam interrogabant respondisset, non melius respondisset.* (Témoignages de Jean Riquier, prêtre; de Jean Tiphaine, chanoine de la Sainte-Chapelle; de Jean Monnier, docteur en théologie et chanoine de Paris; de Guillaume Manchon, etc. (Quicherat, t. III.) *Ex qua multi arguebant quod habebat spirituale juvamen.* (Nicolas de Houppeville. — *Id.*, II, 170.)

tous les cas de conscience lui avait été posé par un des assesseurs. « Jeanne, lui avait-il demandé, pensez-vous être en état de grâce ? »

Il paraissait impossible qu'elle pût sortir du cercle de fer où une logique implacable espérait l'avoir enfermée. En effet, répondre *non*, c'était s'enlever à elle-même toute créance et ruiner par la base le mandat dont elle se disait investie de la part de Dieu. Mais si elle répondait *oui*, elle était convaincue d'orgueil, de présomption, d'opposition flagrante aux principes les plus élémentaires de la foi et de l'humilité chrétienne.

On sait comment elle passa victorieusement entre les deux termes du fatal dilemme : « Si je suis en la grâce de Dieu, répondit-elle, qu'il daigne m'y garder, et si je n'y suis, qu'il daigne m'y mettre (1). »

Stupéfaits de ce triomphe inattendu de l'innocence, et comme éblouis par l'éclair d'une lumière vengeresse, les juges, ce jour-là, interrompirent la séance et renvoyèrent Jeanne dans sa prison (2).

Ainsi le Fils de Dieu avait confondu la maligne sagesse des Pharisiens, en écrivant de ses doigts sur la terre la sentence fameuse qui faisait miséricorde à la pécheresse, sans justifier le péché (3).

Jeanne ne se montra pas moins visiblement assistée du secours d'en haut, en démêlant, à force de droiture et de simplicité, les distinctions dans lesquelles on prétendait l'embarrasser entre l'Église militante et l'Église triomphante, dans le but de la convaincre de rébellion contre l'autorité légitime. Elle alla droit au principe vivant de la hiérarchie et du pouvoir spirituel, en réclamant d'être conduite devant le Pape et de pouvoir lui exposer sa cause (4).

(1) Quicherat, I, 65.

(2) *De quo responso interrogantes fuerunt multum stupefacti, et illa hora dimiserunt, nec amplius interrogaverunt pro illa vice* (Témoignage de G. Colles, dit Boisguillaume, prêtre et notaire public. — Quicherat, III, 163.)

(3) *Ev. de saint Jean*, VIII, 7, 8.

(4) Interrogatoires des 17 et 31 mars, 2 et 24 mai.

Enfin, et surtout, elle fit voir combien l'esprit de Dieu la dirigeait et lui dictait toutes ses résolutions, lorsque, sachant très bien qu'il y avait pour elle péril de mort à garder les vêtements qu'elle estimait lui être une sauvegarde contre les brutales convoitises de ses gardiens, elle fit généreusement le sacrifice de sa vie afin de pouvoir porter intacte, au Dieu de son cœur, la virginité qu'elle avait vouée, quand l'ange lui avait révélé sa mission.

Mais sainte Catherine et sainte Marguerite, ses sœurs du ciel, la visitaient dans sa prison et relevaient son courage. Elles lui disaient : « Réponds hardiment ; prends tout en gré et n'aie souci de ton martyre. » Puis, dans un langage mystérieux, elles lui faisaient entrevoir la délivrance prochaine de ses maux.

Un instant, il est vrai, ses ennemis purent se vanter d'avoir remporté sur elle un semblant de victoire. Ils avaient profité d'une heure de vertige et d'accablement, pour lui faire signer une cédule d'abjuration. Mais cet avantage fut de courte durée. Comme aux rencontres où elle recevait dans sa chair les flèches anglaises, la Pucelle revint promptement à elle et se prépara comme elle le devait au combat suprême.

Elle est enfin arrivée, cette journée lugubre du 30 mai où, au mépris de toutes les lois divines, humaines, canoniques, Jeanne, qualifiée d'hérétique et de sorcière, outragée dans les sentiments les plus purs de sa foi et dans les plus généreux mobiles de son dévoûment, traitée en ennemie de l'Église et de suppôt de Satan, va se mesurer avec l'épouvantable épreuve du bûcher.

Par une inconséquence dont on serait tenté de leur savoir gré, si elle n'aggravait leur crime en démontrant leur mauvaise foi, ces mêmes hommes, qui venaient d'excommunier solennellement Jeanne, lui accordent la grâce de la communion. Elle mange avec une sainte avidité ce pain sacré de l'Eucharistie, dont elle était privée depuis plusieurs mois. Jésus est dans son cœur : *Dominus tecum*. Avec lui, elle est capable de porter jusqu'à l'héroïsme le pardon des injures et le courage de l'immolation. Elle n'a pas un mot d'amertume contre l'inconcevable ingratitude de ceux qui l'ont lâchement abandonnée. Si elle paie un tribut passager à l'infirmité de son sexe, en pleurant sur le genre de mort auquel elle est réservée, elle unit cette défaillance involontaire à la désolation, à la tristesse, à l'accablement de Celui qui, au jardin de Gethsemani, supplia jusqu'à trois fois son Père d'éloigner de ses lèvres un calice par trop amer (1).

Après cet attendrissement, Jeanne déploya une constance et une piété dignes des deux grandes causes pour lesquelles elle allait mourir : d'une part, la France qu'elle avait relevée dans son honneur et sauvée ; de l'autre, l'intégrité du mandat qui lui avait été confié et dont elle devait affirmer jusqu'au bout l'origine céleste et le sacré caractère.

Certes, si Jeanne n'eût été qu'une aventurière, ayant abusé de la crédulité des hommes, ou une pauvre hallucinée, trompée par les chimères de son imagination, l'implacable réalité d'une mort exceptionnellement cruelle aurait dissipé les mensonges de l'imposture ou les rêves de la folie. Ce fut tout le contraire qui eut lieu. Déjà, elle était liée sur le bûcher auquel on venait de mettre le feu. Le charitable religieux qui l'exhortait durant cette heure suprême attesta plus tard, sous la foi du serment, avoir entendu Jeanne déclarer que « ses voix étaient de Dieu : qu'elle n'avait pas été trompée par elles, et que, dans tout ce qu'elle avait fait, elle avait obéi à des ordres venus d'en haut (2). »

Tandis qu'elle scellait par ces paroles les constantes affirmations de toute sa vie, les flammes s'acquittaient de leur office ; elles s'élevaient en tourbillons stridents, et, attisées par la proie qu'elles commençaient à dévorer, elles

(1) *S. Matth.*, XXVI, 37-44.

(2) *Nec unquam voluit revocare suas revelationes, sed in eisdem stetit usque in finem.* (G. Manchon. — Q., III, 150.) *Semper usque ad finem vitæ suæ manutenuit et asseruit quod voces quas habuerat erant a Deo et quod quidquam fecerat, ex præcepto Dei fecerat, et quod revelationes quas habuerat, ex Deo erant.* (Fr. M. Ladvenu. — Quicherat, III, 170.) L'auditeur de rote, Théodore de Lelli, vise dans son mémoire cette persistance finale. (*Id.*, II, 26.)

moulaient toujours. On ne voyait plus la victime, on pouvait encore l'entendre. Elle priait sans relâche. Enfin, renfermant dans un cri suprême sa foi, son espérance, sa tendre piété ; vers la terre qu'elle quittait, au ciel qui allait la recevoir, elle jeta d'une voix forte, le nom de Celui qui avait été toute la religion et tout l'amour de sa vie : Jésus (1) ! Puis le silence se fit : Jeanne était délivrée.

A peine du reste avait-elle rendu le dernier soupir, que le verdict de la conscience populaire cassait le jugement inique rendu contre elle. « Nous avons brûlé une sainte, » s'écrie le bourreau éperdu de douleur et de terreur (2). Un secrétaire du roi d'Angleterre répète la même parole. Ce sera bientôt la clameur universelle.

Pour nous, si notre profond respect pour les sages lois de l'Église nous interdit d'appliquer encore à Jeanne cette qualification qu'il appartient au seul Vicaire de Jésus-Christ de lui décerner, nous pouvons du moins, et nous devons, appuyés à l'autorité des documents les plus incontestés, des témoignages les plus nombreux et les plus véridiques, la proclamer la « messagère de Dieu ». Puis, concluant ce discours comme nous l'avons commencé, nous affirmerons encore une fois qu'il ne faut pas chercher ailleurs que dans une surnaturelle intervention du ciel le secret de la vocation de Jeanne d'Arc, de sa destinée et de son incomparable grandeur : *Dominus tecum, et scito quod miserim te.*

Nous lisons, dans les récits de la Passion, que les soldats romains placés au pied de la croix ne voulurent pas couper en morceaux la tunique du divin supplicié, parce qu'elle était sans couture. « Ne la déchirons pas, se dirent-ils les uns aux autres ; mais que le sort décide à qui de nous elle appartiendra. *Non scindamus eam. Sed sortiamur de illa, cujus sit* (3).

J'applique ce souvenir évangélique à la vie de Jeanne

(1) *Maxime in ultimo flatu clamavit magna voce : Jhesus, adeo quod ab omnibus adstantibus potuit audiri.* (Quicherat, III, 186.)

(2) Quicherat, II, 347.

(3) *Joann.*, XIX, 24.

d'Arc. Elle est le vêtement d'une seule pièce dont il faut respecter l'intégrité.

Ne mettons donc pas d'un côté l'héroïne dont les exploits militaires ont sauvé la patrie, et de l'autre l'envoyée de Dieu, miraculeusement suscitée pour notre salut, et fidèle jusqu'à un degré sublime à la grâce de sa prédestination. Ces deux personnages n'en font qu'un. Ne les séparons pas.

Ah! que la fille au grand cœur, à qui nos pères furent redevables de n'avoir pas subi définitivement le joug de l'étranger soit exaltée par leurs arrière-petits-fils;

Que, dans toutes nos écoles, en face de cette carte où tout près de son berceau s'étale tristement la trace d'un grand deuil, on redise à nos enfants ce qu'elle a fait et ce qu'elle a souffert pour restituer la France à elle-même;

Que son histoire soit une vivante exhortation au courage, au dévoûment, au don de soi-même et le meilleur commentaire de nos manuels de morale civique, ce n'est pas nous qui voulons y contredire. Elle rendra, d'ailleurs, à nos contemporains, le service de leur rappeler que toute grandeur et toute gloire ne datent pas pour nous de la prise de la Bastille et de la Déclaration des droits de l'homme, et que le passé nous a légué des œuvres et des souvenirs dignes de notre respect, de notre admiration, de notre reconnaissance.

Mais, après avoir donné cette satisfaction aux légitimes exigences du patriotisme, respectons l'harmonie de cette existence extraordinaire, et ne séparons pas ce que Dieu a si visiblement uni en elle. *Quod Deus conjunxit, homo non separet* (1).

Non, Messieurs, ne *laïcisons* pas Jeanne d'Arc; ce serait la détruire.

Mais ce que je réclame instamment pour elle, au nom de la probité historique, elle-même le demande pour ce pays qu'elle a tant aimé. Oui, du haut du ciel, elle nous supplie de respecter la constitution intime et traditionnelle de

(1) *Matth.*, XIX, 6.

notre chère France, comparable, elle aussi, à une tunique sans couture où le divin et l'humain, étroitement entrelacés l'un dans l'autre, forment un tout indivisible. *Tunica inconsutilis, desuper contexta per totum* (1).

Qui brise un des fils de la trame court risque de la rompre tout entière. Voilà pourquoi, au nom de la Pucelle et de son immortel dévoûment à la cause sacrée de la patrie, nous conjurons nos concitoyens de ne pas toucher à l'âme baptisée de la France, de ne pas isoler les uns des autres, par une violence arbitraire, les éléments dont la Providence a, pour ainsi dire, fait de ses propres mains le glorieux tissu de nos annales nationales. *Non scindamus eam.*

Soyons fiers, Messieurs, il le faut, de nos épopées chevaleresques, de nos exploits militaires, de nos conquêtes scientifiques, de nos progrès industriels. Soyons-le plus encore de l'éclat incomparable jeté par notre littérature sur les fastes de l'esprit humain. Mais, encore un coup, ne séparons jamais ces grandes choses de leur principe supérieur et vital, je veux dire de cette foi de nos pères qui, depuis quinze siècles, a inspiré tant d'œuvres admirables dans lesquelles la France s'est toujours montrée, pour le bien du monde, une messagère de lumière et de paix, de civilisation chrétienne et d'amour fraternel, de vraie et féconde liberté.

Vingt-quatre ans après la mort de Jeanne d'Arc, les Parisiens pouvaient être témoins d'un spectacle émouvant.

Le 7 novembre 1455, à Notre-Dame, une femme, courbée sous le poids de la vieillesse, se présentait devant les membres d'un tribunal ecclésiastique formé par les ordres du pape Calixte III.

C'était Isabelle Romée, mère de Jeanne, accompagnée de son fils Pierre d'Arc. Vêtue de deuil et versant d'abondantes larmes, elle supplia l'archevêque de Reims et l'évêque

(1) *Joann.*, XIX, 23.

de Paris de réhabiliter judiciairement la mémoire de sa fille, indignement flétrie par les juges de Rouen.

Elle déclara qu'elle appelait de leur sentence au siège apostolique « comme à la source de la justice et au refuge de tous les opprimés (1). »

Il me semble à cette heure voir se renouveler, mais sur un plus vaste théâtre, cette scène pathétique.

La France, mère de Jeanne, se tourne vers l'Église de Rome, gardienne incorruptible de la vérité et du droit, souveraine dispensatrice des honneurs qui récompensent sur la terre les vertus des saints.

Elle se prosterne aux pieds du Pontife magnanime qui porte le nom de Léon, et qui semble devenir de plus en plus, dans notre Europe troublée, un arbitre de justice et de paix.

« Très-Saint-Père, lui dit-elle par notre bouche, voici les actes authentiques de la vie, de la mission, de la mort de Jeanne la Pucelle.

« Pesez dans votre sagesse ces témoignages qui ont déjà subi l'épreuve et reçu la sanction d'un premier procès apostolique dont les conclusions ont été solennellement confirmées par un de vos prédécesseurs. Puis, dans l'exercice de votre magistère infaillible, déclarez que les vertus, les prophéties, les miracles de cette « Messagère de Dieu » décident l'Église à l'inscrire sur le livre d'or des élus du ciel et à placer sur sa tête la couronne de la sainteté. »

Quant à nous, mes Frères, nous ne cesserons d'appeler de nos vœux les plus ardents le jour où il nous sera permis d'offrir à notre héroïque sœur l'hommage d'un culte public.

Puissent alors tous les enfants de cette France qu'elle a miraculeusement sauvée avoir mis un terme à leurs douloureux et funestes dissentiments! Puissent-ils, réunis dans une même foi religieuse et dans un même dévoûment à la patrie, faire monter vers le ciel une prière d'action de

(1) *Ad fontem justitiæ, Sanctam Sedem Apostolicam, quæ fidei mater est et magistra.* (Quicherat, II, 84.)

grâces qui retentira de l'Océan à la Méditerranée, des Pyrénées aux Vosges... plus loin encore !

Fidèle écho de la gratitude et de la piété nationales, et s'inspirant des paroles par lesquelles Ozias exprimait à la chaste et vaillante Judith la reconnaissance des habitants de Béthulie et de toute la Judée, cette prière saluera en ces termes, dictés par l'esprit de Dieu lui-même, la vierge de Domrémy, la libératrice de la cité orléanaise, la martyre de Rouen :

« Fille de notre peuple! béni soit le Seigneur qui a daigné armer votre bras ! Il a mis sur votre nom une gloire impérissable, et, jusqu'à la fin des siècles, vos concitoyens garderont le souvenir de votre vertu et du dévoûment avec lequel vous avez eu compassion de leurs angoisses et vous vous êtes sacrifiée pour arracher votre pays à une ruine certaine (1).

» Et maintenant, vous qui êtes sainte, priez pour nous : *Nunc ergo, ora pro nobis, quoniam mulier sancta es* (2) ! »

Amen ! Amen !

(1) *Judith*, XIII, 23-25.
(2) *Ibid.*, VIII, 29.

APPENDICE

M. Michel Hardy, archiviste de la ville de Périgueux, a récemment trouvé un document très intéressant qu'il vient de publier : c'est le compte des dépenses faites, le 13 décembre 1429, par l'édilité de Périgueux, à l'occasion d'une messe chantée et d'un sermon fait par le P. Élie Boudant, dominicain, lequel était venu dans cette ville et prêchait à tout le peuple les grands miracles accomplis en France par l'intervention d'une Pucelle qui était venue trouver le roi, notre sire, de par Dieu. (Périgueux, 1887.)

M. Léopold Delisle, de l'Institut, a initié le public savant à la précieuse découverte faite par lui d'un manuscrit conservé aux Archives du Vatican. Il s'agit d'un écrit composé à Rome par un clerc français résidant dans cette ville et attaché depuis 1414 à la Cour pontificale. J'extrais de ce récit les lignes suivantes, évidemment écrites après la levée du siège d'Orléans et le sacre de Charles VII à Reims :

« Une Pucelle nommée Jeanne est entrée dans le royaume de France, quand ce royaume était à la veille d'une ruine complète, et à la veille de passer entre des mains étrangères. Cette jeune fille accomplit des actes plutôt divins qu'humains. (Suit l'histoire de la levée du siège d'Orléans.) A qui attribuer cet événement, sinon à vous, ô mon Dieu, à qui je rends grâces d'avoir humilié le superbe et maîtrisé nos adversaires par la puissance de votre bras ?

« La Pucelle est âgée de dix-sept ans. Elle ne recherche aucun avantage temporel. Ses mœurs sont irréprochables. Elle se confesse tous les jours avant d'entendre la messe ; elle communie chaque semaine. Ses actions dépassent la force de son sexe. Elle combat pour une cause utile et juste, puisque c'est pour pacifier le royaume de France... Il faut nécessairement conclure que les succès de la Pucelle sont dus à la volonté divine. »

Ce témoignage rendu à Jeanne d'Arc existe depuis quatre siècles et demi dans la Bibliothèque des papes. Nous savons qu'il a été mis sous les yeux de S. S. le Pape Léon XIII par Mgr l'Évêque d'Orléans, en novembre 1885. Quel sujet d'espérer que ce document plaidera d'une façon victorieuse la cause de notre chère Jeanne !

Imp. Georges Jacob, — Orléans.

PANÉGYRISTES DE JEANNE D'ARC

DONT LES DISCOURS ONT ÉTÉ IMPRIMÉS

MM.

1672. Sénault (Le R. P.), de l'Oratoire.
1759 et 1760. Marolles (Claude de).
1764. Loiseau.
1766. Colas.
1767. Perdoux.
1779. Géry (de).
1805. Paland.
1811. Paland.
1817. Bernet.
1819. Frayssinous.
1821 et 1823. Feutrier.
1825. Longin.
1826. Girod.
1828. Deguerry.
1829. Morisset.
1830. Le Courtier.
1844. Pie.
1845. Berland.
1850. Barthélemy de Beauregard.
1853. Le même.
1855. Mgr Dupanloup.
1856. Deguerry.
1857. Mgr Gillis.
1858. Place (de).
1859. Chevojon.
1860. Freppel.

MM.

1861. Desbrosses.
1862. Perreyve.
1863. Mermillod.
1864. Thomas.
1865. Bougaud.
1866. Lagrange.
1867. Freppel.
1868. Baunard.
1869. Mgr Dupanloup.
1872. Perraud (Le R. P.).
1873. Lémann (J.).
1874. Lémann (A.).
1875. Bernard.
1876. Hulst (Dr).
1877. Monsabré (Le R. P.).
1878. Bouquette.
1879. Mgr Turinaz.
1880. Mgr Besson.
1881. Planus.
1882. Mgr Germain.
1883. Laroche.
1884. Chapon.
1885. S. E. Mgr Langénieux.
1885. Mgr Thomas, dans la Cathédrale de Rouen.
1886. Vié (Gustave).
1887. Mgr Perraud.

La librairie Herluison *se charge de fournir ces brochures.*

ŒUVRES

PASTORALES ET ORATOIRES

De Mgr PERRAUD

ÉVÊQUE D'AUTUN, MEMBRE DE L'ACADÉMIE FRANÇAISE

4 FORTS VOLUMES IN-8

Prix de chaque volume, broché . . . . 7 fr.

Oraison funèbre de Mgr Darboy, archevêque de Paris, prononcée à Notre-Dame, le 18 juillet 1871. 1 volume grand in-8° raisin.

Oraison funèbre du T. R. P. Captier, fondateur et prieur de l'école Albert-le-Grand, prononcée dans l'église paroissiale d'Arcueil, le 3 juillet 1871.

Éloge funèbre du général Zamoyski, prononcé dans la chapelle de l'Oratoire, le 30 janvier 1868.

Études sur l'Irlande contemporaine. 1862. 2 volumes in-8°.

L'Oratoire de France au dix-septième et au dix-neuvième siècle. 1 volume in-12.

Panegyrique de Jeanne d'Arc, prononcé dans la cathédrale d'Orléans, le 8 mai 1872. In-8°.

Les derniers jours du P. Gratry. 1872. 1 volume in-8°.

Éloge funèbre du général Changarnier, prononcé dans la cathédrale d'Autun, en février 1877.

Oraison funèbre de Mgr Rivet, évêque de Dijon, prononcée dans la cathédrale de Dijon, le 6 novembre 1884.

Discours de réception à l'Académie française. 19 avril 1883.

Discours prononcé à l'Académie française pour la réception de M. Duruy, le 18 juin 1885.

Le cardinal de Richelieu. Discours prononcé à la Sorbonne, le 15 décembre 1886.

Oraison funèbre de Mgr Guibert, archevêque de Paris, prononcée à Notre-Dame, le 17 novembre 1886.

Jeanne d'Arc « Message de Dieu ». Discours prononcé dans la cathédrale d'Orléans, le 8 mai 1887. In-8°.

Imp. Georges Jacob, — Orléans.

www.ingramcontent.com/pod-product-compliance
Ingram Content Group UK Ltd.
Pitfield, Milton Keynes, MK11 3LW, UK
UKHW022147170726
13837UKWH00004B/1841